Mirjam Pressler • Ingrid Godon

Sarah und Simon

Mit Sarah und Simon durchs Jahr

Neue Bildergeschichten für die Kleinen

Übersetzt und frei bearbeitet von Mirjam Pressler

Nach Vorlagen von Riet Wille

Illustriert von Ingrid Godon

cbj

cbj ist der Kinder- und Jugendbuchverlag
in der Verlagsgruppe Random House

www.cbj-verlag.de

Umwelthinweis:
Dieses Buch wurde auf chlorfrei gebleichtem Papier gedruckt.

Gesetzt nach den Regeln der Rechtschreibreform

1. Auflage 2005

Die belgischen Originalausgaben erschienen 1995 bis 1999
unter den Titeln »Sara en Simon« in den Ausgaben von DOPIDO, Paris und Averbode
Originaltext: Riet Wille
Übersetzung und Bearbeitung: Mirjam Pressler
Lektorat: Frank Griesheimer
Umschlagbild und Innenillustrationen: Ingrid Godon
Umschlaggestaltung: Basic-Book-Design, Karl Müller-Bussdorf
at · Herstellung: IH
Satz: Uhl + Massopust, Aalen
Druck: TBB, Banská Bystrica
ISBN 3-570-12885-7
Printed in the Slovak Republic

Inhalt

Ein Mann aus Sand

Ferien sind schön. Besonders schön am Meer. Sarah, Simon und Sofie sind am Strand.
Mit ihrer Schaufel zeichnet Sarah einen großen Kreis in den Sand.

Simon will ihr helfen. Er nimmt seine Schaufel und zieht vier Striche in den Sand.
Einen nach rechts vom Kreis, einen nach links und zwei nach unten.
»Weißt du schon, was das werden soll?«, fragt er.

Sogar Sofie darf mitmachen. Sarah führt ihr die Hand, denn es soll ein wirklich schönes Bild werden. Zusammen zeichnen sie zwei kleine Kreise nebeneinander. Inzwischen zieht Simon noch einen Kreis um seine Schwestern.

»Komm, Mama«, bitten die Kinder. »Hör auf zu lesen!
Es ist so schön am Strand. Wir haben ein Kunstwerk gemacht.
Los, schau es dir an!«

Zu viert klettern sie auf die Düne. Sofie darf auf Mamas Rücken sitzen
und Sarah zeigt ihnen den Weg.
Das Gras in den Dünen kitzelt an den Beinen.

»Schau!« Sarah streckt die Hand aus. »Siehst du es? Unser Kunstwerk ist ein Mann aus Sand.
Sofie hat die Augen gezeichnet. Und Simon seine Arme und den Kopf.«
Simon nickt. »Ja. Und wenn wir winken, winkt er vielleicht zurück.«

Ein Schloss am Meer

Sonne, Meer, Sand… Simon und Sarah sind auf Urlaub am Meer.
Sie haben jeder ein Schloss gebaut: eines für Königin Sarah
und eines für König Simon.

»Die Fahne gehört auf mein Schloss«, sagt Königin Sarah. »Nein!«, ruft König Simon.
»Große Schwestern müssen sehr lieb zu ihren kleinen Brüdern sein.
Das sagt Mama auch immer.«

»Ich bin die Älteste«, sagt Sarah. »Ich muss auf dich aufpassen.
Deshalb musst du mir gehorchen. Die Fahne gehört mir!«
»Und du bist eine blöde Schwester«, schnauzt Simon.

Er ist wütend. »Die Fahne gehört mir!«, ruft er.
Er zieht von einer Seite an der Fahne.
Sarah an der anderen.

Und dann passiert es. Ratsch … macht die Fahne.
Sie reißt auseinander.
Jetzt hat jeder von ihnen ein Stück Fahne.

Königin Sarah sitzt böse oben auf ihrem Schloss. Mit einer halben Fahne.
König Simon sitzt auf seinem Schloss, auch mit einer halben Fahne.
Ferien sind nicht immer nur schön.

Muh, sagt die Kuh

»Gib mir die Hand«, sagt Papa. »Die Kuh wartet auf uns.« –
»Der Bauer weiß bestimmt, dass ich sehr stark bin«, sagt Simon.
»Sonst dürfte ich den Hocker nicht tragen.«

Die Kuh ist sehr groß und dick. Und sie bewegt sich die ganze Zeit.
Papa hat aber keine Angst.
»Festhalten«, sagt der Bauer zu Papa.

Und zu Sarah und Simon sagt er: »Ihr braucht keine Angst zu haben. Bella ist meine allerbravste Kuh.« Simon hält ihm den Hocker hin. Die Kuh ist wirklich sehr groß.

Der Bauer setzt sich auf den Hocker. »Komm ruhig her«, sagt er zu Sarah. »Ich brauche den Eimer.« Sarah macht einen Schritt vorwärts. Und Simon nimmt Papas Hand. Vorsichtshalber.

Der Bauer fängt an zu melken und die Milch spritzt in den Eimer. »Ist Melken schwer?«, fragt Sarah. »Und tut das der Kuh am Euter weh?« – »Nein«, sagt der Bauer. »Im Gegenteil. Es tut ihr weh, wenn die Milch im Euter bleibt.«

Der Eimer ist voll. »Was für ein tolles Geschenk!«, sagen Simon und Sarah erstaunt. »Ein ganzer Eimer voller Milch. Mama kann Kakao für uns kochen.« Simon schaut Bella an. Auf einmal kommt sie ihm gar nicht mehr so groß vor.

Ein Haus mit Reißverschluss

»Komm, wir machen eine Reise«, sagt Sarah zu Simon. »Das hier ist ein schöner Platz zum Campen. Hier bauen wir unser Haus auf. Ich habe den Sack mit den Wänden. Hast du die Stöcke zum Festmachen?«

Sarah lacht. »Die Wände von unserem Haus stehen schief. Aber das macht nichts.« Sie kriecht unter den Stoff und stützt die Wände mit den Händen. »So kann ich aber nicht die ganze Zeit sitzen bleiben. Gib mal schnell die Zeltstöcke.«

Sarah stöhnt. »Das ist schwierig. Ich kriege den Stock nicht durch das Loch. Hör auf zu wackeln, Simon, sonst klappt es nie. Und ich will das Zelt ohne Papa oder Mama aufstellen. Sie dürfen nicht wissen, dass wir allein auf Reisen sind.«

»Meine Schwester sorgt für das Haus«, sagt Simon. »Und ich für die Möbel. Ich bin sehr stark. Schau nur. Hier sind die Betten, die Kissen und die Decken. Nun noch die Kuscheltiere. Sonst können wir nicht schlafen.«

Sarah und Simon jubeln. »Unser Haus ist fertig! Wir haben keine Klingel, aber die Tür ist immer offen. Die Nacht kann kommen. Schnell noch den Schlafanzug anziehen, die Zähne putzen und einen Gute-Nacht-Kuss geben.«

»Jetzt sind wir erst richtig auf Reisen«, sagt Simon. »Wir haben nur unser Zelt dabei. Wo sind wir eigentlich? In einem großen grünen Wald oder am Meer?«

Radfahren

»Klingelingeling, mein Rad ist da, mein Rad ist da …«, singen Simon und Sarah. Sarah fährt auf zwei Rädern. Simon fährt auf vier Rädern. Und wenn Sofie ein bisschen größer ist, bekommt sie ein Rad mit drei Rädern. Im Park gibt es einen richtigen Fahrradweg.

Aber der Fahrradweg hat eine Stufe. Simon hat sie nicht gesehen. Simon und sein Fahrrad fallen auf den Boden. Das ist ein Verkehrsunfall!

»Mama!«, brüllt Simon. »Mama!«, schreit auch Sarah. »Blut! Simon hat Blut am Knie!
Er ist mit seinem Fahrrad gestürzt!« Aus Simons Knie läuft rotes Blut.
Und aus seinen Augen rollen dicke Tränen.

»Tatüüü-tataaa-tatüüü...«, macht Mama. »Hier ist der Doktor.«
Erst tupft sie etwas Rotes auf die Wunde,
dann klebt sie ein schönes Pflaster auf Simons Knie.

»Was für ein hübsches Pflaster«, sagt Sarah ein kleines bisschen neidisch.
»So eins hätte ich auch gern.« – »Nicht anfassen«, sagt Simon.
»Morgen will ich es meinen Freunden im Kindergarten zeigen.«

»Hurra«, sagt Mama und gibt Simon einen Schubs. »Jetzt wird wieder gefahren.«
Simon und Sarah fahren auf dem Fahrradweg hinein in den Park.
Und Simon hat ein Pflaster auf dem Knie.

So tun, als ob

»Der kleine Affe hat seine Mama lieb«, sagt Simon.
Papa lacht. »Ja. Und Affen haben keine Buggys. Deshalb tragen die Mamas ihre Kinder auf den Schultern.«

Papa hebt Simon auch auf seine Schultern. Simon jubelt:
»Wir haben einen Buggy. Aber auf Papas Schultern Affe spielen, das ist viel schöner.«

Die Delfine springen aus dem Wasser und fangen Fische.
Simon rümpft die Nase. »Mir schmeckt Fisch nicht«, sagt er.
»Nur Fischstäbchen, mit einem braunen Mantel an.«

Simon lacht. »Aber Kekse mag ich sehr.«
Er wirft einen Keks in die Luft und fängt ihn mit dem Mund auf.

»Oh, oh, oh! Ich bin ein Flamingo-go-go!«, singt Simon.
»Der Flamingo macht Gymnastik.
Er versucht, auf einem Bein zu stehen.«

Simon stöhnt. »Oh, das ist ganz schön schwer, ein Flamingo zu sein.
Sollen wir nicht lieber wieder Affe spielen, Papa?«

Der Autobus

»Brumm-brumm-tüüüt-tüüüt«, schreit Simon. »Ich bin der Busfahrer. Einsteigen, bitte! Und alle schön sitzen bleiben! Dann geht's gleich weiter. Brumm-brumm-brumm.«

»Guten Tag, Busfahrer«, sagt der Kartenverkäufer. »Darf ich bitte deine Fahrkarte sehen? Dann kannst du losfahren.«

Wo ist die nur? Papa steigt zwischen allen Fahrzeugen herum und hilft suchen.
Er steckt seinen großen Kopf durch das kleine Fenster vom Karussellbus.
»Blöd«, sagt er. »Warum hast du nicht besser auf deine Karte aufgepasst?«

Zum Glück sieht Papa nicht wirklich böse aus. Weil Jahrmarkt ist.
Er kauft eine neue Karte und gibt sie dem Mann,
dem all die Flugzeuge, Busse und Motorräder gehören.

Simon bleibt sitzen. Vielleicht wird er später Busfahrer. Er passt sehr gut auf, wohin er fährt, und dreht das Lenkrad von rechts nach links. Brumm-brumm-tüüt-tüüt!

»Hallo, Papa, hallo!«, schreit Simon. »Schau, was ich gefunden habe. Meine Karte! Darf ich jetzt noch mal fahren?«

Verkleiden

Papa bringt zwei Kinder zu Simons Kindergarten. Sind das Simon und Sarah? Oder sind es ein Löwe und ein Elefant? »Schau mal«, sagt Simon. »Dort gehen wir gleich hin. Wir gehen in den Zirkus!«

Auf dem Spielplatz küsst Papa seinen Löwen und den Elefant. Die anderen Kinder sind auch alle verkleidet. »Hahaha«, lacht Sarah. »Jetzt muss ich meine Freunde an ihren Schuhen und ihren Jacken erkennen.«

Die Kinder gehen zu Fuß zum Zirkus. Sie gehen zwei und zwei in einer Reihe und machen seltsame Geräusche: miau und piep und wauwau. Andere knurren und fauchen.

Eine Kindergärtnerin holt die Karten. Inzwischen betrachten sie die Bilder von Löwen und Elefanten, von Clowns und fliegenden Frauen. Die werden gleich alle beim Zirkus mitmachen.

Sie gehen vorbei an Käfigen mit Tieren. Ein Bär blinzelt Simon zu. »Hallo«, flüstert Simon. »Welche Kunststücke wirst du gleich machen? Kannst du auf zwei Pfoten gehen?«

Die Kinder sitzen in der ersten Reihe. Und als der Clown vorbeikommt, fangen sie an zu bellen, zu knurren und zu quaken. Der Clown erschrickt. »Oh! Hier sitzen ja Tiere und keine Kinder!«

Wind-Spielzeug

Heute weht ein starker Wind. »Mein Hut fliegt davon!«, ruft ein Mann.
Simon rennt schnell. Schneller als der Wind.
Aber der Wind lässt sich sein Spielzeug nicht wegnehmen.

Sarah läuft ihrem Schirm hinterher. Der hüpft im Wind über den Boden und lässt sich nicht fangen. »Fast hätte ich ihn gehabt«, sagt Sarah. »Aber nur fast.«

Simon hilft dem Wind ein bisschen. Er kickt trockenes Laub in die Höhe.
Die bunten Blätter fliegen durch die Luft und rascheln fröhlich.

»Schaut mal! Ein Luftballon!«, rufen Simon und Sarah. Sie wollen ihn fangen.
Aber der Wind gibt den schönen Ballon nicht wieder her.
Im Herbst gewinnt der Wind immer.

Der Wind schiebt die Kinder vorwärts. Er reißt an ihren Kleidern und macht ihre Haare nass. »Blöder Wind«, jammert Sofie. Aber Simon und Sarah lachen. »Dort ist eine Hütte. Da können wir uns vor dem Wind verstecken.«

Simon, Sarah und Sofie finden Schutz in der Hütte. Sie schauen zu, was alles durch die Luft fliegt. Und Sarah singt ein Lied: »Hui, weht der wilde, wilde Wind. Komm, Kind, versteck dich vor dem Wind…«

Plitsch-platsch-Regen

»Fünf Zwerge liefen durch den Wald…«, singen Sarah und Papa.
Der Wind spielt mit den Zweigen der Bäume und reißt Blätter ab.
Auf dem Boden liegt ein Teppich aus roten, gelben und braunen Flecken.

»Oh!« Papa erschrickt. »Schaut mal zum Himmel. Lauter Gewitterwolken!
Das sieht nicht gut aus. Los, beeilt euch! Wir müssen zum Auto.«

»Gib mir eine Hand«, sagt Mama zu Sarah. »Lauscht mal auf den Regen«, sagt Papa. »Erst haben die Regentropfen ticke-tacke auf die Blätter geklopft. Aber jetzt werden die Tropfen größer und machen plitsch-platsch …«

»Wartet hier unter dem Baum«, schlägt Papa vor. »Ich gehe schnell zu den Zwergen und kaufe Schirme. Die wohnen ein bisschen weiter im Wald.« Sofie bekommt Mamas Schal. Und Maxi darf sich unter Simons Jacke verstecken.

Papa kommt zurück. Er lacht. »Glück gehabt! Der Zwergenladen hatte offen.
Ich habe fünf Schirme gekauft und ein Lied gratis bekommen.
Hört zu: Regen macht die Köpfe nass und Sonne macht den Kindern Spaß …«

Mit den Schirmen über dem Kopf rennen Papa, Mama, Sarah und Maxi durch den Wald.
Mama trägt Simon und Simon trägt den Regenschirm.
»Darf ich meinen neuen Schirm mit nach Hause nehmen?«, fragt er.

Hatschi

»Hatschi! Hatschi! Hatschi!«
Simon ist erkältet und muss niesen. Erst hält er noch die Hand vor die Nase. Dann braucht er die Hand aber für den Mund, weil er auch anfängt zu husten.

»Komm her«, sagt Mama. »Wir putzen jetzt zusammen deine Nase.«
Mama hält vorsichtig ein Taschentuch an Simons rote Nase.

»Mama«, sagt Simon. »Ich habe ein Geheimnis. Niemand darf es hören.
Soll ich es dir ins Ohr flüstern?«
Mama lacht. »Los, sag's mir. Aber ganz, ganz leise.«

»Hör zu«, flüstert Simon. »Ich… ich…« Hatschi! Simon muss schon wieder niesen.
Das Niesen kommt aus seiner Nase.
Aber das Geheimnis bleibt in seinem Mund.

Simon versucht es noch einmal. Er hält die Hand an Mamas Ohr.
Doch gerade als er ihr sein Geheimnis zuflüstern will, passiert es …

Hatschi! Mama muss auch niesen. Sie lacht.
»Jetzt kriegen wir alle beide die Hatschi-Krankheit.«
Simon betrachtet Mama. Bekommt sie jetzt auch so eine rote Nase?

Herbstschätze

Es ist Herbst. Papa und Simon haben dicke Pullover an. Im Park findet Simon viele, viele Schätze: Eicheln, Kastanien und bunte Blätter. Aus Eicheln kann man hübsche Männchen machen. Esskastanien schmecken gut. Und Blätter haben die allerschönsten Farben.

Pssst… Papa schläft. Vielleicht träumt er von den vergangenen Sommerferien. Als man draußen in der Sonne spielen konnte. Oder vielleicht träumt er schon von den ersten Schneeflocken. Die werden bald kommen.

Simon findet immer mehr Schätze. Die schönsten legt er neben Papa auf die Bank: ein Blatt mit fünf Fingern, das Häuschen von einer Kastanie, das aussieht wie ein kleiner Igel, und ein Blatt mit vielen Warzen …

»Ein Blatt für Oma, ein Blatt für Opa, ein Blatt für Mama, ein Blatt für Sofie, ein Blatt für Sarah …«, zählt Simon. »Papa«, fragt er, »willst du ein gelbes oder ein rotes Blatt?« Aber Papa antwortet nicht.

Papa schläft. »Ich mache eine Decke für Papa«, murmelt Simon.
»Aus roten und gelben Blättern. Dann hat er es schön warm.«

Papa wacht erschrocken auf. Oh! Die schöne Decke fliegt durch die Luft.
Alle Blätter fallen auf den Boden. »Aber Papa!«, ruft Simon.
»Jetzt muss ich noch mal von vorn anfangen!«

Mirjam Pressler / Ingrid Godon

Sarah und Simon

Bildergeschichten für die Kleinen

64 Seiten, farbig illustriert, ISBN 3-570-12869-5

Einkaufen mit Mama, Toben mit Papa, zu Besuch im Kindergarten oder auf Entdeckungstour im Garten: 12 kurze Episoden aus dem Kinderalltag von Sarah und Simon, liebevoll in großformatige Bilder eingefangen und mit griffigen kleinen Texten versehen. Ein erstes Buch zum gemeinsamen Betrachten, Zuhören und Reflektieren für Zuhause und im Kindergarten.

7405

cbj

www.cbj-verlag.de